बीच राह का राही

सफ़र में आए विचारों का संग्रह

सौरभ पाटीदार

Made with ♥ on the Notion Press Platform
www.notionpress.com

प्रेम को समर्पित !

क्रम-सूची

क्रम-सूची

क्रम-सूची

प्रस्तावना

बरसों से, हमने किताब को लिखने की शैली को एक ढंग में बाँधा हुआ है जो एक अलग तरीका का पैटर्न फॉलो करती है। जैसे अगर आप कोई कविता लिख रहे हैं तो बस उसकी राइमिंग को खोजना महत्वपूर्ण हो जाता है, सब्दों का भाव कम क्यों न हो जाए, राइमिंग नहीं खोनी चाहिए।

इसी रूढिवादिता के ढंग को तोड़कर लिखी गई ये किताब अपने आप में सबसे अलग किताब है, जो बस एक प्रकार के भाव को प्रस्तुत करती है और पाठक को वो संदेश पहुंचाती है जो लेखक कहना चाहते हैं, चाहे अब लेखक कहानी के माध्यम से सुनाए, कविता के, या ग़ज़ल के, मकसद सिर्फ भाव को पाठक तक पहुंचाना है।

इस किताब की सबसे अनोखी बात यह है कि, हर किताब की तरह जरूरी नहीं है की आप इसे पहले पन्ने से पढ़ें, आप आँख बंद कर किसी भी पन्ने को खोलिए और पढ़ना शुरू कर दीजिए, आप को कुछ अच्छा ही पढ़ने को मिलेगा। दूसरी रोचक बात यह है कि "बीच सड़क पर राही" भावना से भरी सब्दों की एक तिजोरी है जिसमें कुछ कविता है, कुछ ग़ज़ल है, कुछ कहानियाँ, कुछ शायरी तो कुछ नज़्म। आप किसी एक पन्ने पर दिल टूटने ही कविता सुन कर भावुक भी हो सकते हैं या अगले ही पन्ने पर नये प्रेम की कहानी सुन कर खो भी सकते हैं, ये उतार-चढ़ाव आप को पुरी किताब में मिलेगा, बस उसे समझने के लिए उस बिंदु पर जा कर पढ़िए जहाँ लेखक बैठ कर लिख रहे हैं।

भूमिका

इस पुस्तक को पढ़ते समय, पाठक को नई रूपों में प्रेम की कहानियाँ, दर्द और खुशी की विविधता और अन्याय के खिलाफ आवाज का सामर्थ्य मिलेगा। यह एक अनोखी अनुभव है जो आपको प्रेरित करेगा, आपको सोचने पर मजबूर करेगा, और आपको नई दिशाओं में ले जाएगा।

कविता / ग़ज़ल

1. लिखना मेरी कला

लिखना मेरी कला नहीं, बस शौक है लिखने का,
हाथ में कलम और मन में खयाल हो तो बस लिखता चला जाता हूँ,
कुछ उनसुने से अल्फाजों को कागज़ पर उतारते चला जाता हूँ,
न प्रसिद्धि है, न अनुभव है,
बस शब्दों के मोतीयों को दागे में पिरोता चला जाता हूँ।

2. तुम और मैं

दूर पहाड़ी पर सूरज के केसरी होने पर, ठंडी हवा के साथ।
हल्की बारिश में बिना छाता लिए, पुराने गानों की धुन पर।
बस तुम और मैं।
नदी के किनारे, रेत से घर बनाते मछलियों को पकड़ते।
बंद कमरे में मोटे गड्ढे पर, कंबल में उलझे।
बस तुम और मैं।
सोफे पर बैठते, ज़मीन में लोटते, किचन में खाना बनाते।
मेरी ढीली शर्ट पहने, खिड़की से पर्दा हटाते मुझे जगाते, तुम्हें सोता देखते।
बस तुम और मैं।
तुम्हारे पैरों पर सोते, तुम्हारी खुशबू में डूबे, तुम्हारी ज़ुल्फ़ों में खोए।
तुम्हारे साथ नाचते, तुम्हें गीत सुनाते, तुम्हें शायरी का हिस्सा बनाते।
बस तुम और मैं।

Enter Caption

3. ये दूरी मिटती क्यों नहीं।

ये दूरी मिटती क्यों नहीं।
तू जानती हैं, मैं तुझे चाहता हूँ, मैं कहता हूँ हर बार।
तू कहती क्यों नहीं।
प्यार है तो बस है, मुझे इशारे करने का अवसर देती क्यों नहीं।
जब गुजरती है आँखों के सामने से तो, आँखों की पुतलियाँ बस तुझ पर अटक जाती हैं, तू मुड़ कर देखती क्यों नहीं।
तेरी महक पहचानता हूँ मैं अब, ये हर जगह मुझे मिलती क्यों नहीं।
ये दूरी मिटती क्यों नहीं।
जब तू बोलती हैं तो तेरा झुमका बार-बार हिलता है मुझे परेशान करता, अगर इतना तंग करता है तो तू इसे उतारती क्यों नहीं।
तेरा हाथ मेरे हाथ से छोटा है अगर तो, मेरा हाथ तू थामती क्यों नहीं।
तेरा साथ बहुत पसंद आता है, हर पल तू साथ होती क्यों नहीं।
अब बस कर,
मत सोच इतना..., घर, समाज, नौकरी, रिश्ते।
सब में देख लूँगा।
तू बस मेरे पास आ, जितने प्यार में तुझे देखता हूँ उतने प्यार से मुझे देख, गले से लगा और जीवन भर साथ

निभाने का वादा ले ले।
देख कितना आसान है ये करना।
फिर भी तू करती क्यों नहीं।
ये दूरी मिटती क्यों नहीं।

4. साथ निभा देना।

एक दिन हम भी बुढ़े हो जाएँगे।
एक दवाईयों का गुलिस्तान होगा, और कई सारी पर्चियाँ।
मैं अपनी दवाई भूल जाऊँगा, तुम मुझे याद दिला देना।
दिन-दिन का ना सही, पर रात साथ दिला देना।
फैशन सेंस हो जाए खराब तो टॉलरेट करना।
अमेरिका, कनाडा में पढ़ रहे बच्चों को फोन करना याद दिला देना।
ये तुम्हारी काजल वाली आंखें मुझे तब भी उतना ही रिझाएंगी,
अगर मैं रूठ जाऊँ तो बस मेरा हाथ थाम लेना।
ये पेंटिंग, सोफे, फ्रीज, टीवी तो तब भी उतने ही जवां होंगे।
अगर हो बारिश तो बन के मेरा छाता, साथ निभा देना।

5. ये दूरियाँ मुझे नहीं पसंद।

ये दूरियाँ मुझे नहीं पसंद।
चाहे अपना काजल बना कर आंखों में लगाओ, जिससे मैं भी वह दुनिया देख सकूं जो तुम देखते हो।
चाहे अपना पर्स बना के, बगल में लटकाओ, ताकि तुम्हारा साथी बन जग को घुमूं।
चाहे मुझे इत्रा बना कर खुद में लगाओ।
चाहे अपने सर की बिंदी...मुझे सब मंजूर है।
बस ये दूरियाँ नहीं पसंद मुझे।
तुझे देखने और तुझसे मिलने की एक ख्वाइश है।

6. तू आये।

तू आये, इन बंद किवाडो को खोलती, अपनी पायल की चंचन से बचाती, तू आये।
जब चिराग़ों तले अंधेरा हो, उस अंधेरे में तू आये।
भीड़ से छुपती, अपनी आँखों को औरों से छुपाती, तू आये।
जब बिजली कड़के, तेज़ आंधी में तूफ़ानों से लड़ती, तू आये।
अपने घर मैं मर्यादाओं की बेड़ियाँ तोड़ती, समाज से लड़ती, बरसों से चल रही है उस सोच से जहां शादी को एक नर्म पहलू का नाम देकर बंद किया है उन सारे दागों को तोड़ती, मेरे नाम के मन्नत के दंगे किसी और मंदिर में बांधती, तू आये।
तू आये, मेरे ख्वाबों में आते, फ़रिश्तों के साथ।
जब परियाँ अपने हाथों में दूध और चंदन के प्यालों में इत्र की खुशबू लिए मेरी और बढ़ती हैं, उनके बादलों से सफ़ेद पंखों से निकल, तू लाल जोड़े में सोने से लढ़ी, मेरी और मुस्कुराते हुए तू आये।
तेरी आँखों में खुशी के आँसू हों, जो तेरी समाज से जीती लड़ाई को दर्शाएं, तू आये।
तेरे इत्र में तेरी बरसों की ख्वाहिश पूरी होने की आरज़ू हो और तू आये।
मेरी बाहों में तेरे सिवा अब भी कोई नहीं है, मेरे तकियों को तेरे सिरहाने का इंतज़ार है, मैं साँस लेता हूँ तो तेरा नाम निकलता है। मेरे घर की दीवारों पर सिलन लग गई है, पौधे इस उम्मीद में सूख गए हैं कि तू आये।

अलमारी में पड़े पुराने खत जिनकी स्याही अब कुछ फेल सी गई है, कुछ अक्षर जो आपस में एक-दूसरे के ऊपर चढ़ गए हैं और नए मतलब बना रहे हैं, वो इस उम्मीद में है कि तू आए, उनके ऊपर लगी मिट्टी को अपने हाथों से हटाएं और पड़ के सुनाएं वो कहानी जो हमने साथ मिल के लिखी थी पर कभी जी ना पाए।

तेरा इंतज़ार करते करते, ये आँखें सूखी भी हैं और नम भी, ये दिल धड़क भी रहा है और नहीं भी |

एक आग सी लग रही है मुझमें जो तुझे मुझ में जला रही है.

फिर भी जलता हुआ दिल कह रहा है, तू आये और तू यही बस जाये !

7. तो क्या ही बात है।

सुबह उठते ही, अपनी आँखों का पर्दा खोलते ही, अगर तुम दिख जाओ।

तो क्या ही बात है।

नहाकर आते हुए अपने गीले बालों को संभालते, कुछ पानी की बूंदें मुझपर गिराते, आईने के सामने खुद को सजाते, अगर दिख जाओ।

तो क्या ही बात है।

घर के बगीचे में, सूरज की रौशनी में। जब मैं अखबार पढ़ रहा हूँ, तुम बच्चों और कुत्तों के सामने खेलते, अपनी खुशी में हँसते हुए दिख जाओ।

तो क्या ही बात है।

ऑफिस से आते, तुम गेट खोलते, आँखों मैं इंतज़ार लिये दिख जाओ।

तो क्या बात है।

ठंड में अपने कंबल में मुझे जगह देकर, अपने नर्म और गर्म हाथों से मेरे चेहरे को गरम करते, सेक दो।

तो क्या ही बात है।

और क्या ही बात हो अगर।

आँखों में सारी-सारी रात देखते, तुमसे बातें करते, शायरी सुनाते, तुम्हें अपनी कैनवास पर उतार पाते तो क्या ही बात होती।

8. मैं तुम्हारा हाथ पकड़ना चाहता हूँ।

सड़क के किनारे, रास्ते में चलते हुए जहां और भी कहीं सारे अनजाने चेहरे टकराते हैं, उनी रास्तों में। मैं तुम्हारे साथ चलना चाहता हूँ, तुम्हारा हाथ पकड़ना चाहता हूँ।

सफ़र से लौटने पर तुम्हें गले लगाना, तुम्हारे होंठों को चूम कर... तुम्हें सफर पर ले जाना चाहता हूँ, तुम्हारा हाथ पकड़ना चाहता हूँ।

समुद्र के किनारे, नंगे पैर तेज आती लहरों के बीच। जब तुम्हारा दुपट्टा हवा से मेरे मुँह पर तुम्हारी खुशबू लिए आए, मैं उसमें खो जाना चाहता हूँ, तुम्हारा हाथ पकड़ना चाहता हूँ।

मंजिल पाने के बाद, जब सारे सपने पूरे हो जाएं और दुनिया कदमों में होगी। और हर बार के तरह इस बार भी कामयाब लोगों पर जब सब लोग सवाल उठाएंगे। उस पल में बस तुम्हारा साथ चाहता हूँ, तुम्हारा हाथ पकड़ना चाहता हूँ।

इस जीवन के अंतिम दिनों में, जब आवाज और पैर लड़खड़ाने लगेंगे और यह शरीर झूलने लगेगा। मैं बिना लाठी के सहारे तुम्हारे साथ चलना चाहता हूँ, तुम्हारा हाथ पकड़ना चाहता हूँ।

9. मैं

अपने ख्वाबों को दबाए, अपने अंदर के हुनर को लोगों के सामने नए अवसर के रूप में बताता मैं।
अपने इश्क़ को छुपाता मैं,
अपनी बात को रखता और गलत साबित होते देखता मैं।
अपना सब कुछ देता मैं,
बदले में कुछ नया ना पाता मैं।
बिना मतलब लोगों के सामने मुस्कुराता मैं,
अंदर कई राज छुपाता मैं।
कभी खुद में ही हुनर खोजता मैं,
कभी खुद को ज्ञान का सागर समझता मैं।
खुद में गिरता, खुद में संभलता मैं,
अपने साथ वालों को शिकार पर ले जाता मैं।
ईश्वर के सबसे क़रीब मैं,
तो माँ-बाप से सबसे दूर मैं।
अपने आप की खोज में, मैं।

10. चिट्ठी

मेरी चिट्ठी मिले तो पढ़ के उसे जला देना।
मेरी याद कभी आए तो आशु बन कर बहा देना।
ख्वाबों में आउ अगर तुम्हारे।
तो सारी रात जाग कर बिता देना।
तोड़ देना वो सारे तोहफ़े।
दफ़्ना देना वो सारे धागे जो मन्नत माँग कर बाँधे थे तुम्हें।
भूल जाना मुझे इस क़दर कि मेरा नाम भी तुम्हें कभी सूना-सूना सा न लगे।
बैठ जाना डॉली में आंसू पोंछ कर।
छू लेने देने उसे तुम्हें, आँखे मिच कर।
जता लेना प्यार सारी रात, कर देना हम बिस्तर उसे भी।
बस एक ख्वाहिश है,
कि जब गाँव वापस आओ, तो घर मिलने ज़रूर आना।
इसी चिट्ठी की जली हुई रख साथ में लाना।
पोचना मेरे आँसू उसी राख से और फैला देना मेरी कब्र पर।
बता देना दुनिया को कि तुम्हें फ़क्र है अपने प्यार पर।
जो मरने के पहले था बस साथ मेरे,
अब मरने के बाद है हर पल को पास मेरे।

11. तुम मेरे लिए कौन हो।

नब्ज हो मेरी तुम, मेरी जान हो।
उंगली पकड़ के चलूं तुम्हारी, तुम वह इंसान हो।
मेरी ज़िंदगी के हर उलझे हिस्से का तुम जवाब हो।
मेरी ख्वाइशों को पूरा करें वो जादुई चिराग हो।
मेरी डायरी में लिखी हर एक लाइन का नकाब हो।
मेरी पेन से निकली इंक का तुम लफ़्ज़ों में बयां हो।
मैं धूप हूँ, तो तुम छाँव हो।
मैं बारिश, तो तुम छाता।
मैं ख्वाब हूँ, तो तुम नींद।
मैं आईना हूँ, तो तुम खूबसूरत सा चेहरा।
तुम रूह हो मेरी, मेरे सर का ताज हो।
हर पहली का मेरी नज़र से देखो तो बस तुम ही एक जवाब हो।
सीढ़ियाँ हो तुम स्वर्ग की,
परियों का गुलिस्तां हो।
मेरी बाहों में आकर देखो तुम, मेरा सारा संसार हो।

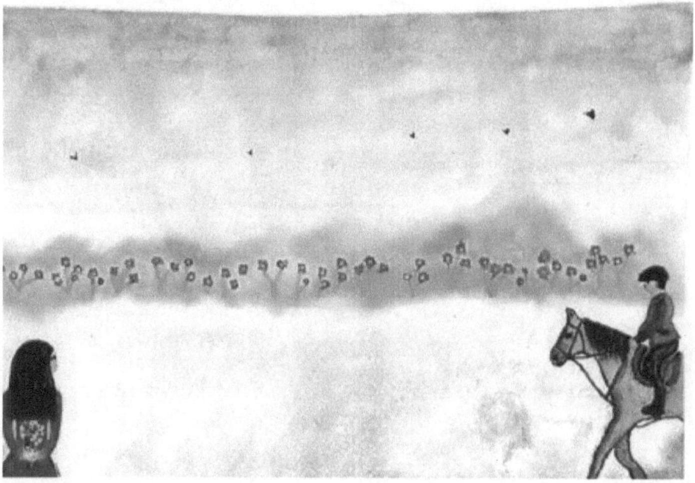

Yaade

12. परछाई

कितना कुछ कहती है और खामोश भी है ये परछाई।
तुम साथ हो, तो हम दोनों की परछाई,
तुम हाथ थामो तो हमारे साथ की परछाई।
उड़ते हुए पंछी की ज़मीन में परछाई।
पानी पर चलो तो पानी में परछाई।
जब लगता है, हम सभी एक साथ हैं, या हम सभी अकेले हैं।
तब भी बस साथ है परछाई।
परछाई आपको वास्तविक रूप दिखाती है,
शायद आईने से भी साफ़।
आप गोरे हो या काले, गरीब हो या अमीर, छोटे जाति के हो या बड़ी जाति के,
सबकी एक जैसी ही है परछाई।
जैसे ईश्वर ने, आसमान, पानी और हवा
सबको बराबर दिया है, वैसे ही साथ दिया है परछाई।
कितना कुछ सिखाती है ये परछाई।
पर ऐसा नहीं, परछाई हमेशा सही ही है,
कुछ बुरा भी है इसके बारे में।
जैसे अगर तुम मेरे साथ हो तब भी वही परछाई और नही हो फिर भी वही परछाई।
और मेरे दिल में तुम्हारे लिए बसा प्यार, जो परछाई अपने काले रूप में छुपा लेती है।

13. धागे

न जाने क्या राज है तुमसे दूर रहने का।
न जाने क्यों ये दिल गुटर गु करते रहता है।

दूर होने के बाद भी।
तुम हमेशा बहुत प्यार करते हो, बस ये कहता रहता है।

तुम्हारा नाम कहीं सुनकर कहीं पढ़कर आज भी मन दो पल थाम जाता है।
ये दिल शर्मिंदा है जो तुम्हारे थाम मना करने के बाद भी तुम पर आ मरता है।

तुम नहीं हो अब मेरी, ये मेरा दिल भी जानता है।
बहुत दुखी है, बस समझदार बना फिरता है।

गलत हम थे जो हमने चाहा।
हमें क्या पता था... तुमने मन्नत के धागे किसी और के हाथों में बंध रखे हैं।

14. मिलो तो

आज फिर से तेरी याद आई है।
साथ में एक प्यारी सी मुस्कान लाई है।

आज फिर वह फोल्डर खोला जो बरसों पहले छिपा के रखा था फोन के किसी कोने में।
तेरी तस्वीर देख के आज फिर मैंने अपने आप को संभाला है।

कभी मिलो तो सही, बहुत कुछ बताना है।
जितना प्यार था वह सब जताना है।
पहले तो झगड़ना है फिर तुम्हें अपने बाहों में लेकर जकड़ना है।
तुम्हारी ख़ुशबू खो गई है काफी दिनों से,
कभी मिलो तो सही पुरा हिसाब चुकाना है।

वादे सारे करके जो तुम मुकर गई हो।
मिलने की दिलासा देकर कुछ बदल गई हो।
ले कर बैठना है तुम्हें साथ कहीं दूर इन लोगों की भीड़ से।
जैसे किसी ऊँचे पर्वत पर या नदी किनारे बरगद पे।
कभी मिलो तो सही, बहुत कुछ बताना है।

15. चाँद से हो तुम

चाँद से हो तुम,
दूर बहुत हो बस दिखते रहते हो।
गले से लगाना है बस कहते रहते हो।

रोशनी तो आती रहती है पर छू नहीं सकते।
मन तो बहुत करता है पर कुछ कर नहीं सकते।

इतराती भी वैसे हो, झूलसाती भी वैसे हो।
और छुप जाती हो बादलों का बहाने लिए एक ही घर में कहीं।
फिर दिखती हो कुछ पल, फिर बलखाती हो
फिर तेज़ हवा के बहाने लिए आंख मिचौली खेलती रहती हो।

एक दिन ले आएँगे तुम्हें कभी उस जहाँ से इस जहाँ में।
और डाल लेंगे अपनी ही झोली में।
फिर लेकर घूमेंगे हर जगह, और जहाँ खोलेंगे झोली अपनी वहाँ सिर्फ़ अपने पर ही रोशनी पड़ने देंगे।

चाँद से हो तुम,
दूर बहुत हो बस दिखते रहते हो।

16. क्या तुम्हारा मन नहीं करता।

चलते-चलते जब उगलियाँ टकराती हैं तब मेरा हाथ पकड़ने का, क्या तुम्हारा मन नहीं करता?

देर रात जब मैं तुम्हें छोड़ वापस लौट रहा होता हूँ, कुछ और नजरों के सामने रह लूँ, ऐसा क्या तुम्हारा मन नहीं करता?

बहुत थकान होने पर, मेरे ही कंधे पर सिर रख, मेरी बाह पकड़के मेरे करीब आने का, क्या तुम्हारा मन नहीं करता?

जब तुम मुझे चुपके से तुम्हें देखते पकड़ लेते हो,
मुझसे नजरें छुपा कर मुस्कुराने का क्या तुम्हारा मन नहीं करता?
क्या तुम्हारा मन नहीं करता मैं गुरुद्वारे में तुम्हारे सलवार की चुनरी थाम, एक ओंकार के चक्कर लगाऊं और हम साथ में प्रार्थना करें?

या किसी ऊँचे पहाड़ पर, सूरज को ढूबते देखें।
जहां उसकी किरनें तुम पर पड़े, और तुम और खूबसूरत लगो।
क्या तुम्हारा मन नहीं करता।

17. हाय

ये चेहरा, ये चमक, ये नूर, हाय
ये आंखें, ये बाल, ये होंठ, हाय

तुम्हारा झूठा पानी पीना, हाय
तुम्हारा मेरे लिए सजना, हाय।

आधी रात को, तुम्हें बाइक पर बिठा कर शेर करना, हाय
तुम्हारा मुझे पीछे से अपनी बाहों के घेरे में लेना, हाय।

तुम्हारा हाथ पकड़ कर, पूरी तीन घंटे की मूवी में बस पॉपकॉर्न खाना और तुम्हें देखना, हाय

एक ही छाते के नीचे पानी से बचना तुम्हारे और करीब आना हाय।
ये बारिश, ये छाता और ये तुम्हारी खुशबू हाय।

हाय तुम्हारा दुपट्टा हाय,
तुम्हारे झुल्फों का हवा में लहराना मेरे चेहरे पर आना हाय।

सूखे पत्तों का गिरना हाय
नए फूलों का निकलना, हाय।

18. ऐ चाँद

ऐ चाँद, तुझसे बहुत शिकायत है मुझे।
ना जाने क्यों सब तेरा जिक्र करते रहते हैं।
तेरी खूबसूरती के किस्से सुनते रहते हैं।
और तू भी खुद ही खुद ही तारीफ में मस्त रहता है।
शायद तू उसे नहीं जानते,..मेरे महबूब को।
तुझसे अच्छी सूरत और तुझसे अच्छी सिरत है उसकी।
जब काजल लगा ले..,लगता है जैसे आधी रात में किसी ने दीया जला दिया हो।
उसके होंठ जैसे गुलाब की फ़नकुड़ियाँ।
और गाल जैसे मख़मली बादल।
जब वह चलती है,... सारे जहां के फूल नाचने लगते हैं, जब वह बोलती है सारा जग बस उसे सुनता है।
बहुत खूबसूरत है वह।
तेरे तो बाल भी नहीं, वो जब जुल्फें खोलते हैं, कई शहरों में साथ में अंधेरा होता है।
क्या है तुझमें, किस बात का इतना ग़ुरूर।
अगर हिम्मत है तो एक दिन मेरे महबूब को अपनी जगह दे कर देख।,
हर रोज यहाँ दरती पर ईद और करवाचौथ मनेगी।
ऐ चाँद, तुझसे बहुत शिकायत है मुझे।

19. ये पहली बार तो नहीं।

ये पहली बार तो नहीं।
ये पहली बार तो नहीं जो मैं किसी के ख्यालों में डूबा सारी रात बस उसे सोचता, उसे देखता और और करीब आने की ख्वाइश करता।

ये हुआ है पहले भी।

इस बार जब तुम मिले मुझे फिर से प्यार हुआ, तुमसे, तुम्हारी खूबसूरत बातों से, हंसी से और प्यारे शख्स से। इस बार जितना प्यार मैं महसूस कर रहा हूँ उतना दर्द उठ रहा है सीने में, ना जाने ये पिछ्ले प्यार के कुछ सुराख रह जाने से हो रहा है या फिर तुम से कुछ और बातें करनी बाकी है।

20. अधूरा इश्क़।

जो अनजान सड़कों पर बिना किसी मकसद से चलने को मजबूर कर दे...वो अधूरा इश्क़।
जो रात भर जगाए और बिस्तर का एक कोना ढूंढ़ने को मजबूर करे जहां चैन मिले, वो अधूरा इश्क़।
जब महबूब से बात होने के बाद भी बात नहीं हुई जैसा अहसास हो, वो अधूरा इश्क़।
जब भीड़ में भी आपकी आँखें किसी और को खोजे, अकेला महसूस कराए, वो अधूरा इश्क़।
जब आपकी बाहों में कोई और हो और आपके मन में कोई और, वो अधूरा इश्क़।

21. तू भी

कभी तू भी तो मेरे बगल में आ कर बैठ, मेरी तरफ़ देख, मेरा हाल पूछ।
हम ठीक हो कर भी बीमार होने का नाटक करेंगे।
ताकि तुम अपना हाथ, हमारे सिर पर फेर के हमें ठीक होने का कहो।
क्या पता तभी अपने होंठों को हमारे होंठों पर रखकर पूछ लो, अब कैसा लग रहा है।
दीवानगी की हद तो तब होगी जब, हम भी यही फिर से दोहराएंगे और कहेंगे हमारा हाल तो सही है, अब तुम बताओ तुम कैसी हो।

22. बैठे हो

मुझसे इतना ग़मसुम और खामोश ये क्यों बैठे हो।
यूं ही क्यों पत्थर की मूरत बनकर बैठे हो।

ये समुंदर का पानी अब भी झलोके मार रहा है,
तुम इतने दूर क्यों बैठे हो।

और रात को काली हुई काफी समय हो ग़या है,
या खुदा अब भी क्यों सूरज लिए बैठे हो।

मैं परिंदों के घर में ठहरा हूँ कुछ दिनों से,
क्या वो अब भी मेरे घर लौटने की आशा लिए बैठे है।
उसने पूरी जिंदगी निकाल दी मुझसे रूठ कर,
जब जाने का समय आया तो पास आये बैठे है।

एक वक़्त था जब शेर हमारे घर में पानी पीते थे,
अब तो सब अपना अपना शेर लिए बैठे है।

23. इश्क़ है।

गहरैया, तेरे मेरे इश्क़ की।
तेरे वजूद की जो मुझमें जिंदा है हर पल।

मेरे रूम की खिड़की के छोटे से छेद से आती रोशनी में मुझे तुम दिखते हो
मैं हर किसी में तुझे देखता हूँ, मेरी परछाई में तुम बनती हो।

थहरा पानी हो या बहता पानी,
खुला आसमां हो या बादलों से घिरा,...तुम हर जगह हो।

तुम्हारी हंसी, बहुत शोर में भी सुनाई देती है।
और ये दिल तेज़ दड़कने लगता है।

मोहब्बत है तुम्हारे लिए यहाँ,
कितनी गहराईयाँ हैं तुम्हारे लिए यहाँ।
ये इश्क़ मेरा इश्क़ नहीं... तुम्हारा इश्क़ है।

आखिरी फुल

नज़्म / कहानियाँ

24. 4 बजाने का इंतजार

अब उसे हर रोज 4 बजे का इंतजार रहता है, उसकी नज़रें वही उस रास्ते पर हर गुजरते हुए शख्स में रेशमा को ढूंढती हैं।

मुझे लगता है मुझे थोड़ा पीछे की कहानी बतानी चाहिए।

बात उन दिनों की है, जब रेशमा कॉलेज जाया करती थी। कॉलेज से लौटते वक्त कुछ मिनटों में एक दुकान पड़ती है जहाँ कपड़े मिलते थे, राहुल उसी दुकान पर एक छोटी सी नौकरी करता था।

रेशमा का घर अपने कॉलेज से कुछ ही दूर था और कम सहेलियों होने के कारण वो हर रोज उसी रास्ते से पैदल आया-जाया करती थी।

जब राहुल ने पहली बार रेशमा को देखा तो उसने Black color का पटियाला सूट जिसमें पीले रंग की चुनरी थी पहन रखा था, बाल खुले थे और उसकी लाल जूतियां जिसमें कांच के छोटे-छोटे टुकड़े गड़े थे, ये देख राहुल का वक्त जैसे थम सा गया उसे वो धीमे चलते हुए नज़र आ रही थी वही रास्ते पर बज रही गाड़ियों के हॉर्न उसे मधुर सुनाई दे रहे थे, बगल वाली दुकान पर एक भाई साहब अपनी दुकान का दरवाजा मटका रहे थे जिसकी सारी धूल राहुल के मुंह पर आ रही थी, कुछ सेकंड के लिए रेशमा और राहुल की नज़रे भी मिली और रेशमा ने उठी ही बिना कुछ सोचे आगे चली गयी जैसे हर लड़की किसी लड़के से नज़र मिलने पर करती है। तबही दरवाजा मटका रहे भाई साहब ने बोला,

'मिया शाम का टाइम धंधे का होता है उस पर ध्यान दो, ऐसी बहुत सारी लड़कियां गुजरती हैं यहाँ से'।

राहुल अपने नॉस्टैल्जिया से बाहर आया बोला, 'हा हा चाय' और अंदर चला गया।

उस दिन ना राहुल का काम में मन लगा, ना ही उसे नींद आई।

अब उसे हर रोज 4 बजे का इंतजार रहता है, उसकी नज़रें वही उस रास्ते पर हर गुजरते हुए शख्स में रेशमा को ढूंढती हैं। राहुल की दुकान का खुलने का वक्त दोपहर का है, तो सुबह रेशमा को वो कॉलेज जाते तो नहीं देख पाता पर आते हुए हर रोज टकटकी लगाए रखता है।

दिन निकलते गए, हफ्ते गुजरते गए, और ये रोज सिलसिला चलता रहा। कुछ महीनों लगा रेशमा को ये समझने में कि एक लड़का है जो हर रोज उसके इंतजार में वही खड़ा रहता है।

अब जब भी उन दोनों की नज़रे मिलती, कभी रेशमा थोड़ा मुस्कुरा देती, कभी अपनी नज़रे झुका लेती और शर्मा के आगे निकल जाती है।

राहुल के लिए मुश्किल तो वो दिन हो जाते हैं जिन दिनों कॉलेज की छुट्टी होती है, जैसे रविवार का दिन या और कोई पब्लिक हॉलीडे। राहुल का जैसे मन लगता ही नहीं उन दिनों काम में बस एक उम्मीद अगली सुबह की जहाँ रेशमा मिले।

एक इतवार शाम, जब राहुल अपने आधे मन से काम कर रहा था, उसने देखा कि रेशमा उसकी दुकान में आई अपनी माँ के साथ। एक पल तो राहुल को लगा जैसे उसने कोई चोरी की है जो पकड़ी गई है, और अब माता जी आई हैं

डांटने के लिए। फिर रेशमा और उसकी माँ का हाव-भाव देखकर वह जल्दी समझ गया कि वे लोग कुछ खरीदने ही आए हैं।
राहुल जल्दी से माँ के पास गया और बोला, "बोलो ना आंटी, क्या दिखाऊं, और रेशमा की ओर देख हल्का सा मुस्कुराया।"
आंटी बोली, "भाईया, इसके कॉलेज में फंक्शन है तो कुछ फंक्शन सा दिखाओ।"
राहुल ने तुरंत जवाब दिया, "राहुल, राहुल नाम है आंटी जी, और आप से छोटे हैं तो भाईया मत बोलिए, नेम ही काफ़ी है, और रिश्ते हैं रिश्तो को क्या कब बदल जाए, किसे पता।"
रेशमा फिर शरमा गई।
आंटी बोली, "ठीक है राहुल, कुछ अच्छा दिखाओ।"
करीब 1 घंटे में राहुल ने 50 ड्रेस दिखाई होंगी, उसमें से रेशमा ने कुछ तुरंत रिजेक्ट कर दी, और कुछ पहन कर देखती और बाहर आकर पूछती, "माँ कैसी लग रही हूँ?"
जब जब वह बाहर कुछ नया पहन के आती, मानो राहुल को लगता जैसे वह उसे ही दिखाने आई है। हर बार राहुल बोलते बोलते रह जाता और मन में जवाब देता, "बहुत खूबसूरत।"
अंत में कुछ देर बाद, दोनों माँ-बेटी को एक ड्रेस अच्छी लगी। आंटी ने खरीदते वक्त बोला, "राहुल, डिस्काउंट कितना है?"
राहुल ने तुरंत जवाब दिया, "आंटी, 10%।"
आंटी बोली, "राहुल, कुछ तो डिस्काउंट दो, हम नए ग्राहक हैं।" राहुल ने मुस्कराकर कहा, "ठीक है आंटी, आपके लिए

10% और आपकी बेटी के लिए 10%।"

राहुल ने अपने बगल में पड़ी लाल सहाई वाली पेन उठाई, प्राइस टैग पर लिखा 20% कम, और उसके पास एक छोटा सा दिल बना कर उष्मे इंक भर दी।

रेशमा ने यह देखकर अपनी नज़रें झुकाई, फिर राहुल को प्यार भरी नजरों से देखा और अपनी खामोशी से हाँ का इजहार किया।

अब राहुल को इंतजार रहता है, फिर से चार बजने का, फिर से रेश्मे के लौटने का और उसे प्यार से देखने का। और यह सिलसिला अब भी जारी है।

25. सोफी और लियाम

एक बार की बात है, एक कॉलेज के कैम्पस में एक लड़का लियाम था। वह एक अभी अभी गांव से निकला युवक था, जिसका दिल अभी तक किसी खास संबंध में नहीं था। एक दिन, उसके जीवन में अचानक ही एक ऐसी लड़की आई, जिसने उसके जीवन को पूरी तरह से बदल दिया।

वह लड़की थी सोफी, जो कि लियाम के विपरीत सभी कुछ थी - आत्मविश्वासी, उत्साही, और जिसका छाया छानवी से उसे अपनी ओर आकर्षित करता था। उनकी मुलाकात कॉलेज की पुस्तकालय में हुई, जहां लियाम ने सोफी की आनंदमयी हंसी को सुना और उसके प्रेम में गिर गया।

दिन बितते गए, और लियाम सोफी के साथ अपना समय बिताने लगा। उनके बीच की नजदीकियाँ बढ़ने लगी, और वे एक-दूसरे के साथ अधिक वक्त बिताने लगे। पर कोविड-19 के आने से, उनकी तकदीरों में बदलाव आ गया।

लॉकडाउन के समय, लियाम ने सोफी से फिर से संपर्क किया, लेकिन जो कुछ उसने जाना, वह उसके दिल को बहुत टूटा। सोफी ने किसी और से प्यार कर लिया था, जिसने उसके साथ एक दूरस्थ शहर में रहने का निर्णय किया था। लियाम ने इस खोई हुई प्रेम की यादों के साथ, अपने जीवन का एक नया अध्याय शुरू किया। वह अपने पुराने दोस्तों को छोड़कर नए शहर में जा चुका है, नौकरी के लिए सिर झुका है और अपने आप को एक नया आयाम दिया है। वह जानता था कि यह प्यार कभी साकार नहीं हो सकता था,

और इसीलिए उसने उसे पीछे छोड़ दिया।

बड़े शहर के बेहद धूम्रपान से भरे सड़कों पर चलते हुए, लियाम का दिल गहरी उदासी में डूबा हुआ था। उसके आंसू सड़क की रेत में खो गए, जब उसने सोफी के साथ बिताए हुए प्यार भरे पलों की याद की।

कोविड-19 की महामारी ने उन्हें और भी दूर कर दिया था। उनके बीच की दूरी बढ़ गई, और वह अब जीवन के साथी नहीं थे। लियाम के मन में एक आग सिमट गई थी, जो उसे नई दिशा में ले जाने की धारा का अनुभव करा रही थी।

एक दिन, लियाम की आंखों में नई आस होती है जब उसने एक नौकरी के लिए आवेदन किया। और कुछ ही दिनों बाद, उसके इंटरव्यू की चर्चा शुरू हुई।

नौकरी मिलने के बाद, लियाम ने एक नए शहर में अपना नया जीवन आरंभ किया। वहाँ उसने नए दोस्त बनाए, नयी स्थिति में अपने आप को पुनः पाया और अपने आप को एक बेहतर और मजबूत इंसान बनाने के लिए काम किया। समय के साथ, लियाम का दिल धीरे-धीरे ठंडा होता गया। वह अब सोफी के खोए हुए प्यार की यादों में नहीं खोया। बल्कि, उसने अपने अनुभवों से सीखकर एक नई जीवन जीने का संकल्प किया।

लियाम का नया जीवन सफलता की ओर एक नई कहानी का आरंभ था, जिसमें उसने सोफी के साथ के विचारों को छोड़ दिया और अपने सपनों की पुर्ति के लिए प्रेरित होकर नई ऊंचाइयों को छूने का साहस किया।

26. अलविदा कहा था।

तेरे दीदार से मेरा मन महकता है,
तू जब मेरा हाथ अपने हाथ में थामते हुए अंखों में देखती है, मेरा मन संभलता है।
तेरी खुशबू से मेरी रूह, एक बार फिर जिंदा हो जाती है।
और जब तू प्यार जताती है मुझसे,
मेरे सारे ख्वाबों में बस तू ही बस जाती है।
अर्ज़ू है मेरी, तू मिले फिर से, मुझे देखते हुए आँखों में पानी हो और चेहरे पर मुस्कान, होंठों पर मेरा नाम हो, इज़हारे इश्क़ हो और हमेशा साथ रहने की तमन्ना हो, वादा हो।
तेरी झूल्फों के साये में मुझे फिर से लेट कर, तेरी लटकते हुए बालों को कान के पीछे कर तुझे देखना है। तेरे झुमके के साथ तुझे शरमाते देखने की ख्वाहिश है मुझे। तेरे बाल उड़ते हुए जब मुझ पर आते हैं तो अच्छा लगता है। और इसी लम्हे में, जब सारी दुनिया भागम भाग में लगी हो, मुझे बस तेरा हो कर रहना है, तेरे साथ खामोशी महसूस करते हुए जो प्यार है उसे और गहराइयों में समझाना है।
कुछ ख़ास बातें नहीं करनी हैं, मुझे महसूस करनी है, शांति को, अपने बीच में हुआ प्यार को जो कभी बोल कर नहीं बताया जा सकता है। तुझे बस अपने सीने से लगा कर दिल की धड़कन सुनानी है, माथे पर चुम कर छोटा बाबू बोलना है, और टक टकी लगाए तेरा चेहरा अपने हाथों में लिए बस आंखों में देखते रहना है।

फिर कुछ शिकायतें भी करनी हैं तुझसे:
जैसे, तू हर रोज़ मेरे ख्वाबों में स्कूटर पर दुल्हन के जोड़े में क्यों नहीं आती।
तूने मेरे दरवाजे पर हर सुबह दस्तक देना क्यों बंद कर दिया है।
सुबह उठ जाने के बाद, फिर से 5 मिनट मेरे ऊपर आ कर अब क्यों नहीं सोती है।
क्यों तूने मेरे बाथरूम में जाने पर लाइट बंद करना बंद कर दिया है, और अब क्यों तू अपने हाथों से मुझे जिद करके खाना नहीं खिलाती।
और भी कई ऐसी छोटी मोटी शिकायतें हैं तुझसे।
पर प्यार बहुत ज़्यादा है।
कब आएगी तू?
कब मुझे फिर से हर सुबह उठाएगी, मेरे लिए नास्ता बनाएगी और फिर पूरा दिन ऑफिस से लौटने का इंतेज़ार करेगी।
मैं बहुत याद करता हूँ तुझे,
मुझे तेरे होने से फ़रक़ पड़ता है,
तेरी आवाज़ मेरे कानों में गूंजती रहती है,
आ जाना वापस,
मैं तेरा इंतज़ार कर रहा हूँ, उसी जगह वही जहाँ आख़री बार तुझे अलविदा कहा था।

27. बचपन

मैं कभी सोचता हूँ क्या होगा अगर मैं तुम्हारे बीते दिनों में जा सकूँ।
वह कहानियां किस्से तुम्हारी नटकीय हरकतें जो तुम सुनाते हो मैं सामने से देख सकूँ तो कितना खूब होगा ये।
जैसे वह बचपन की तस्वीर जहाँ तुम्हें साड़ी पहना और मेहंदी लगा कर बैठा दिया था और तुमने बस मुंह बना रखा था।
वह दिन जब तुम्हारी बहन ने तुम्हारी कंप्लेन कर दी थी कि 'तुम सड़क पर चलते स्कूल से वापस आते हुए सीटी बजाते हो'
तुम्हारे घर की खिड़की में आ कर, सामने रह रही सहेली से घंटों बातें करना।
अपनी ट्रेन मिस करना, अपने मैनेजर से डाट खाना, किसी स्टोर से चॉकलेट चुराते देखना या रास्ते में चलते लोगों को छेड़ना।
ये सब देखना कितना लाज़मी होता।
वैसे तो ये सब बातें जब तुम मुझे बताते हो, ऐसा लगता है मानो कुछ दरमियान में खुद वही था। तुम एक अच्छे कहानी सुनाने वाले हो।
जो किसी कहानी को सुनाते बड़ी दिलचस्पी से सुनने वाला का मन जीत लेते हो जैसा मेरा मन जीत लिया था।
बीते हुए साल, मैं तुम्हें मार्च के किसी दिन मिला था, जब से देखा है तुम मुझे अपने किस्सों और कहानियों की तरह

ही एक दंग में लगते हो।
जैसे किसी ने संभाल के नज़ाकत, लहज़ा, अदा, सूरत, भोलापन साथ में पिरोया हो, बिल्कुल एक फूल वाले की तरह जो अलग तरीके के फूलों से एक माला बना रहा हो |
फिर लगता है इतना पीछे जाना तो अब मुमकिन नहीं,
पर मैं ये ज़रूर चाहता हूँ अब आने वाले सालों में जब भी तुम बीते वक़्त की कहानियाँ सुनाओ, उन कहानियों का मैं हिस्सा रहूँ एक खूबसूरत ख़्वाब की तरह जो उस पल में तुम्हारा हाथ पकड़कर तुम्हें देख रहा हो।

28. मरियम

मेरे नसीब में नहीं तू वरना,
मेरे आँगन में हर सवेरे तुलसी के परे घूमती।
चूमती अपने बच्चे का माथा और उन्हें स्कूल छोड़ती, दफ़्तर में मुझे फ़ोन कर, शाम के खाने का पूछती।
मेरे लबों से निकलते हर शब्द में तू बस अपना नाम सुनती,
अगर मिल भी गए होते तो साथ जन्म तक हम इकठ्ठे नहीं होते।
तेरे पैरों में लगी लाल मेहंदी को मैं अपने घर न आना की वजह समझाता हूँ,
मेरे पैर सलामत होने के बाद भी बेशकियों से मैं अपने घरों में घूमता हूँ, मैं अपनी नींद पूरी होने के बाद भी थोड़ी देर और सोता हूं।
इस उम्मीद में कभी तू ख्वाब से निकले और हमारा राब्ता हो। तू बस दूर रह कर मेरा हाल न देख, पास आके मेरे पैरों को छूम, मेरी ज़मीं से मिट्टी ले कर अपने आँचल में बाँध और इस आदमियाना जमाने में जहाँ हर एक औरत किसी मर्द के नाम से जानी जाती हो वहाँ मेरे नाम के अक्षर अपने हाथों में गोद।
मेरी सलामती मांग, मेरा ख्याल करने वाली तो हर चक्ले के बाहर तेरे इंतज़ार में बैठी है, जिन्हें मेरा हाल तुझसे ज़्यादा पता है।
मुझे जो चाहती थी लड़कियाँ, उनके लिए बेहतर तो यही हुआ कि हम मिल न सके,

इंसान की जलन और ज़िद में भी ख़ुदा की दुआओं का असर होता है।
मैं जब जब रोता हूँ, तेरा ज़िक्रा होता है। शराबियों को भी मेरी बोतल में बची रही शराब का हर शुभह में इंतज़ार होता है।
मेरे कमरे में पर्दे के पीछे से झांकना बंद कर, मैं मर चुका हूँ उस घाट पर जाना बंद कर।
मैं उन हवाओं में नहीं जो तेरे बालों को उड़ाए या गालों को छूम ले ये तेरा ब्रम है मरियम,
मैं हूँ नहीं इस दुनिया में, तू कोई और ढूंढ ले मरियम।

29. तुम्हारी कहानी

भाग 1:
चाँद भी छुपकर बैठा है कहीं।
तुम भी मुंह मोड़ कर कहीं चली गई।
हवाओं ने भी रुख मोड़ लिया।
मेरे घर की बिजली तक चली गई।
अब ये रात कैसे कटेगी,
अब ये खाना कौन खाएगा।
अब ये कौन निश्चिन्त करेगा सोने से पहले कि सारे दरवाजे खिड़कियाँ बंद हैं।
कौन सारी रात मेरी कमर में हाथ रख कर सोएगा।
कौन मुझे सुबह उठाएगा।
ऑफिस जाना याद दिलाएगा फिर नाश्ता बनाएगा और गेट तक छोड़ने आएगा।
अब ये सारा काम किसके हिस्से आने वाला है।
अब ये सारी जिम्मेदारी कौन निभाएगा।
घर में पड़ा टेलीफ़ोन भी अब किसे लगाया जाएगा या कहा जाएगा कि दफ़्तर से लौटते वक्त कुछ सब्जियाँ ले आना, या कपड़े स्त्री वाले को दिए हैं तो उससे पूछ आना कि क्या वो स्त्री हुआ है या नहीं।
ऐसे और भी अनेकों काम हैं जो मेहज अब यूंही पड़े रहेंगे, जैसे टूटे हुए गमले में कबूतरों के लिए पानी भरकर रखना, अपने सिरहाने रखने वाले तकियों को वक़्त चलते बदलना या घर में काम कर रहे लोग जैसे माली, दूधवाला, कुक को

त्योहार पर कुछ ज़्यादा पैसे देना।
खैर, अब जो तुम हो नहीं तो जीने के मायने तो बदलने ही पड़ेंगे, अब चाहे हो उठने का समय हो या खाने का, सब में कुछ दूसरा तरीका तो खोजना ही पड़ेगा... सोच रहा हूँ एक कुत्ता पाल लूं कहते हैं "कुत्ता मनुष्य का सबसे अच्छा दोस्त" हम साथ साथ रह भी लेंगे, जगड़ा भी नहीं होगा न ही वह मेरी कही बातों का बुरा मान पाएगा, जैसे तुम मना करती थीं।
भाग 2:
अब मत लौटना तुम।
शायद मैं भूल गया अब तुम्हें,
शायद मैं तोड़ आगे भी बढ़ गया हूँ।
मुझे न हर चेहरे में दिखती थी तुम, वो बीमारी से भी कुछ छुटकारा तो मिला है अब।
जब से गई हो घर से, पहले तो घर खाने को दौड़ता था, अब इसी घर में मुझे शांति मिलती है।
पता है जो बच्चे खेलते हैं सोसायटी में नीचे, वो तुम्हें गुस्से वाली आंटी बोलते थे और मुझे क्रेजी अंकल। अभी पर्सो ही आए थे उनमें से कुछ, मैंने उनकी सारी गेंदें उन्हें लौटा दी जो खिड़कियाँ तोड़ घर में आ जाती थी और तुम मना करती थी उन्हें देने से।
करीब करीब 12 गेंदे निकली है उस कमरे से, जहां अब बस कुछ मकड़ियाँ और झूल रहे हैं अंधेरे के साथ कुछ समय से, बच्चे बड़े खुश हुए सबने पप्पियाँ जपियाँ की मुझे।
वह चम्पा का फूल याद है जो हमने साथ में लगाया था, अब उसमें पीले और खुशबू वाले फूल लगने सुरु हो गए हैं, सुबह वही बैठ अपनी चाय लिए मैं अख़बार पढ़ता हूँ या

कभी-कभी शरमा और उसकी बीवी भी आ जाती है साथ में चाय पीते हैं गप्प लड़ते हैं, वह आज भी उतनी ही सुंदर है वही लहजा वही लचक...बस फर्क इतना है अब उसे जी भर देख सकता हूँ मैं।

बस ऐसे ही निकलता है दिन।

शाम होते ही, अपने कुत्ते के साथ कुछ दूर टहलने निकल जाता हूँ। ठंडी हवा, शांत मन और कुछ दूर पैदल चलने से अच्छी कोई फीलिंग नहीं।

तो अब मत लौटना तुम, मुझे आदत हो गई है तुम बिन, ऐसे ही जीने की।

30. फूल

एक रात, एक फूल की महक मुझ तक आ रही थी।
मैं अपनी गार्डन की मेज पर बैठा उसे महसूस कर रहा था।
एक मन था उसे तोड़ कर अपने साथ उस फूल और खुशबू को कैद कर लूं।
फिर सोचा कैद करने में वो मजा कहां, फिर वो खुशबू वैसे ही लगने लगेंगे कुछ दिनों में जैसे कोई आम सी महक।
जैसे शुरुआत के दिनों में तुम्हारा रुमाल जो तुम भूल गए थे वो भी तुम्हारे होने का अहसास दिलाता था, फिर जब से तुम साथ रहने लगे वो वाली खुशबू शायद कहीं चली ही गई।
यह वैसे ही है, जैसे एक चिड़िया किसी बने बनाये घर में नहीं रहती, वो खुद से तिनके इकट्ठा कर घर बनाती है, उसे वो घर अपना चाहिए।
तो क्या ये फूल और खुशबू दोनों पराए हैं, या इसकी महक मुझे इस लिए आ रही क्योंकि फूल का कुछ बचा ही मेरे पर पुराना।
यही सोचते सोचते मैंने उसे तोड़ लिया,
कुछ मिनट तो वो महका फिर जैसे उसकी महक ही चली गई, शायद उसका बचा पूरा हो गया था मुझ पर।
पर अब मुझ पर उधार है, उस पेड़ का जिस पर वो लगा था, या उस ईश्वर का जिसपर सुबह होते ही ये चढ़ने वाला था।

31. यादें

आज तुम्हें गए हुए महीने हो चुका है।
कभी सोचा ही नहीं था कि इतना लंबा वक्त तुम्हारे बिना गुजर पाएगा कि नहीं, क्योंकि हम तो वो थे जो हर समय बात कर रहे होते थे। ऑफिस में जब सब लोग सिगरेट का ब्रेक ले रहे होते थे तब हम तुम्हें कॉल किया करते थे।
हम वो थे जो पूरे दिन की बातें रोज रात को एक दूसरे से बताते थे।
और अब देखो, कितना समय बीत गया तुम्हारे बिना।
वैसे सच तो यह है पूरे दिन के बिजी स्केज़्यूल में खुद के लिए भी टाइम नहीं मिलता और रात वहीं इंस्टा पर स्टोरीज़ स्क्रोल करने में निकल जाती है।
हम लोग भी कितने तेज हैं। पर सही मायनों में देखें तो इस संसार में सबसे धीमे।
तुम्हारी याद भी तब आती है जब ये रिलीज़ होता है कि हम बस इंसान ही हैं तो फिर क्यों इतनी ज़्यादा भागम-भाग।
तुम्हारे जाने के बाद में शायद काफी बदल गया हूं, अब मुझे इतना गुस्सा नहीं आता और जब आता है तो मुझे पता होता है कि मैं गुस्से में हूं। में अब मैसेज पर हर किसी से बात नहीं करता और सिर्फ़ अर्जेंट कॉल ही उठाता हूं, शायद ड्रेसिंग सेंस भी सुधरा है थोड़ा।
अच्छा वैसे तुम्हारी दी हुई वॉच का सेल डाउन हो गया है, मैं पहन लेता हूं फिर भी... पुराना समय याद दिलाया करती है। तुम्हारा दिया हुआ लैपटॉप बैग मेंने अभी बदला,

दो सहर बदलने पड़े उसे बदलने के लिए। वो गणेश जी की मूर्ति और महंगी वाली पेन, सहर बदलते समय वही छूट गई, फिर सोचा पुरानी चीजें याद न आएं इसी लिए तो सहर छोड़ा था, तो फिर ग़म कैसे।

तुम्हारी ग्रीटिंग्स रखी हैं अब भी, जब भी खोलता हूँ आँखें नम हो जाती हैं, मुझे तुम दिखती हो उनमें, मेमोरी याद आ जाती है।

एक जीन्स तुम्हारा दिया हुआ, मुझसे घूम गई शायद।

32. रजाई

ये रात और ये रजाई तुमसे काफी मिलती है।
रात तुम्हारी आँखों तरह है जिसमें सुरमा है और बिल्कुल शांत है। रजाई तुम्हारे उष्ण की तरह है जिसे ठंड लगने पर हर कोई पाना चाहे मेरी तरह।
हर रात में इन दोनों के साथ होता हूँ, यानी हर रात में तुम्हारे साथ होता हूँ, पूरी रात में तेरे बदन ही गोलाई महसूस करता हूँ, सुबह उठकर बिस्तर ही सिलवाते मुझे तेरे होने का सबूत देती है।
रात के सन्नाटे में जब तुझे छूता हूँ, तू कांप जाती पर चाहती है तू हदें पार करे, मैं हदें पार करूँ। और तुझे छू, हर जगह मेरा हाथ हो और पूरे बदन पर मैं तुझे चुमू।
तेरी झुल्फें जब तेरी इजाज़त लिए बिना तेरी मक़्मली गालों को छूते हैं तो लगता है जैसे उन्हें अपने हाथों से तेरे कान के पीछे करूं, तुझे चूम लूं।
तेरी कमर में हाथ डालूं और तुझे अपनी ओर कींच लूं, इतना नजदीक कर लूं कि तू सांस भी ले मुझे महसूस हो। तेरा दिल भी दड़के तो मुझे महसूस हो।
तुझे ऐसे गले लगाऊं कि हर अंग मेरा तेरे बदन से लिपट जाए, और यही रात हो और यही रजाई के साथ होने का इंतज़ार करते हैं। ये रात या ये रजाई तुमसे काफी मिलती है।

33. तुम्हारे बारे में

अभी कुछ नया शुरू किया है मैंने।
पूरा दिन काम में गुजारने के बाद, जब घर पहुंचता हूँ,
मैं जानता हूँ तुम नहीं हो घर में मेरे।
फिर भी चाहता हूँ तुम आओ और दरवाजा खोलो और कहो, "अरे आ गए"
तो घर के दरवाजे का ताला खोलते खुद से ही दरवाजा कटकटाता हुआ तुम्हारा नाम ले लेता हूँ और कहता हूँ, "अरे सुनो, खोलो"
ध्यान से सुनो तो लगता भी है पायल की आवाज़ दरवाजे के पीछे कुछ पास आ रही है।
कभी कभी यूं ही कह भी देता हूँ, 'अरे तुम अब तक तैय्यार नहीं हुए, हमें तो निकलना था', या 'चाय रख दो बहुत थकान हो गई है आज'।
कभी सोचता हूँ क्या होगा जिस दिन तुम सच में दरवाजा खोल दोगे, क्या इस दीवार के उस पार की दूरी इतनी दूर है, या बस ताला खोलने जितना दूर।
ये दूर आखिर कितना दूर होता है, जब हम दोनों अलग-अलग शहर में होते हैं और बात होती है तो लगता है जैसे तुम बगल वाले कमरे में ही हो। पर जब किसी बात से नाराज हो कर पास में भी बैठे होते हो लगता है दूर बहुत हो।
आखिर इसकी परिभाषा क्या है?

दूर और नजदीक कहीं मन में आ रहे विचार तो नहीं। जैसे किसी के लिए चाँद बहुत दूर है, पर जिसे चाँद को पाने की लालसा न हो और बस देखने की इच्छा उसके लिए बहुत पास।

इन सब विचारों के बीच अब मैंने ताला खोल लिया। मैंने अपने जूते हर बार की तरह बिना लेस खोले दूसरे पैर के सहारे लिए वही गेट के पास पड़े डूरमेट पर उतार दिए। अंदर जाकर देखा तो एक कमरे की लाइट जल रही थी बिस्तर वैसा ही था जैसे सुबह छोड़ दिया था, किचन में तोड़े खुले रह गए नल से टिप टिप की आवाज़ आ रही थी।

अब पूरे घर में, मैं अकेला हूँ और दिमाग में हर बार की तरह बस तुम चल रही हो।

34. घर

घर हम में रहता है या फिर, हम घर मे ?
मैं इस मकान में आखिरी दिन बिताते हुए और अपने कपड़े समेटते सोच रहा था।
जो यादों की झोली भरी है, मैंने गए दिनों में इन दीवारों के बीच क्या, वो मेरे साथ हमेशा रहेगी? क्या ये घर भी नए किरायेदार को मेरे बारे में बताएगा? क्या घर को सब बुरी और अच्छी बातें याद होगी?
कई साल बाद में अगर वापस लौटा तो इसने मुझे पहचान चाहिए।
मेरा अभी वाला घर मुझे बहुत पसंद है,
यहाँ ऐसी कोई परेशानी नहीं, बस एक सुबह सुबह कबूतर आ जाता है मेरे छत के में बैठ कर गाता रहता है और पीठ करता है ताज़ा रंगी हुई खिड़कियों पर। मैं भी रोज उससे उशी की आवाज़ में बात करता हूँ, कभी वो डर से उड़ जाता है कभी बातों का जवाब देता है।
ये सब देख मेरी मेड़ बहुत हँसती है, कहती है "भैया जब अब चलो जाओगे ये घर बहुत याद करेगा आप को", मैं फिर यही सोचता हूँ घर हमें रहता या हम घर में।

35. सफ़र

जब कोई अपना जाने वाला होता है या जा रहा होता है तो कैसी बेचैनी होती है हर पल और आप बस आप को याद दिलाते रहते हैं कि वो जाने वाली है और इन विचारों से दूर जाना या बच पाना भी मुश्किल हो जाता है क्योंकि ये होने ही वाला है।

मैंने इस बेचैनी को २ हिस्सों में बाँटा है, पहला तो जाने के कुछ दिन पहले की बेचैनी जब बस आप को इतना मालूम होता है कि ये सख्स जाने वाला है।

फिर आप ना चाहते हुआ उशकी तैयारी में लग जाते हो, तैयारी निर्भर करती है सामने वाला आप का कितना करीबी है, ये तैयारी जाने वाले का टिकट कराने से शॉपिंग करने तक कुछ भी काम की हो सकती है या सफ़र के एक दिन पहले की रात ओर मुश्किल। जहां आप ये चाहते हो कि ये सख्स यही ठहर जाए फिर भी अपने ही फ़ोन में अलार्म सेट करते हो कि कल बस या ट्रेन पकड़ने में लेट न हो जाए। ये दरहसल दिमाग का दोहरापन है और ज़िंदगी को स्वीकार करने की शैली भी।

दूसरी बेचैनी तब होती है जब आपका चाहने वाला बीच सफ़र में होता है। इस दौरान हमें और चीजें परेशान करती हैं, जैसे क्या खाना टाइम पर खाया होगा, क्या सीट मिली होगी, क्या सही बस या ट्रेन में चढ़ा होगा और भी कई सारे दिमाग के ख़याल। मेरे साथ अनोखा यह होता है कि, जब भी जिसे मैं चाहता हूँ वह ट्रैवल करता है और अगर मेरी

उससे बात न हो पाए तो ऐसा लगने लगता है जैसे वह मर गए हो। एक गब्राहट सी होती है, दिमाग में अलग डंग के मैट्रिक्स दिखते है कि क्या हुआ होगा।

फिर मैं सोचता हूँ अखिर ज़्यादा बुरा किसे लग रहा होगा, जो दूर जा रहा है उसे या जो उसी परिस्तिति में यही रह रहा है वह। इसका जवाब शायद मुझे अब तक मिला नहीं है, पर ऐसा लगता है नाराज दोनों ही हैं इस बदलाव से बस यही ठहरना या कहीं जाना नहीं एक बदलाव नहीं एक हरकत है और वह भी एक रास्ता ही है सफ़र का जो वह यही से जी रहा है।

36. चिट्टी

मैं तुम्हें एक चिट्टी लिखना चाहता हूं,
उस चिट्टी में सब से पहले मैं अपना नाम चुनना चाहता हूं।
जब तुमहें मिलेगी वो, तो खोलते ही उसे तुम्हें मेरी खुशबू का एहसास होगा। तुम उसे अपने नर्म होठो से चुम कर प्यार जता लेना ।
शुरू की कुछ पंक्तैयो में, तुम्हें कुछ गालिब की पक्तियां सुना कर impress करना चाहता हूं, फिर तुम्हारा हाल जाने बगेर अपने प्यार का इशारा करना चाहता हूं। बताना चाहता हूं कि केसे मेरा दिन तुम्हारे बिना अकेला सा गुजरता हे, केसे पूरी रात में तुम्हें सोचता हूं। कितनी सिद्दत हे इसमे के बिना मिले में तुम्हें वो सब देना चाहता हूं, तुम्हें पाना चाहता हूं।
जब आओगे मेरे शहर तो जहां बैठ कर ये लिख रहा हूं तुम्हें वो जगह दिखाऊंगा।
बड़ा खुबसूरत सा और अपना सा लगता ही यहां आ कर।
फिर यहां से कुछ दूर, अपने गांव की ओर ले जाउंगा... जहां खेतों में फसलें लगी हैं। हां तुम्हारे लिए ये नया सा है, पर तुम्हे ये सब दिखाना भी जरुरी है। आज कल हम फोन से जो मिंटों में ऑर्डर कर लेते हैं, कितनी मेहनत लगती है उसमें।
फिर वही बगल में लगे फूल की कली तोड़ के तुम्हारे बालों को साइड कर के तुम्हारे कान के ऊपर लगा दूंगा,

अप्सरा लगोगी तुम... कुछ हंसी वाली तस्वीरें दाल देना अपने instagram में, वहां भी कुछ लोग होंगे, जिन्हें इनका इंतज़ार रहता होगा ।
वही से घर की ओर आते हुए तुम्हे अपने बचपन की स्कूल दिखानी है, कुछ पुरानी कहानियां बतानी है, और अच्छा सा खाना अपने हाथों से खिलाना हैं।
जब तुम यह आओगे, तो तुम्हें बड़ा मजा आएगा।
आखिरी की लिनो में तुम्हें लिख कर मेरे नाम के साथ मैं इस संदेश को बंद कर दूंगा और तुम्हें इसका जवाब इसी शैली में देने लिए कहूंगा।
कभी अपने बिजी टाइम से हमें भी चिट्टी लिखो, हमें भी वहाँ बुलाओ, हमें घुमाओ, हमें प्यार करो , गले लगाओ ।
क्या पता हम आ जाएं।
इसके साथ, बहुत सारा प्यार।

पहला स्थान

सौरभ पाटीदार

37. बादल सारे चले गए

बारिश थम गई, बादल सारे चले गए।
मेरे गाँव में अंधेरा है, लगता है सब सोने चले गए।
पूरे शहर को बिगा दिया है इस बारिश ने मेरी मशूका के बालों तक को नहीं छोड़ा।
इतनी तेज आंधी और बारिश आई कि नन्हे पौधों को पानी तो मिला,
पर उन्हें लगाने वालों के घर की छत को भी नहीं छोड़ा।
इन सभी के बीच रात के इस घोर अंधेरे में,
मैं तेरा इंतजार कर रहा हूँ,
कुछ बना रहा हूँ, कुछ बिगड़ रहा हूँ,
तेरे आने के इंतजार में, मैं अपना कमरा सुधार रहा हूँ।
घरवालों ने कपड़े छत के बारमदे में सूखा रखे हैं,
चारों ओर सन्नाटा है, बस तेरी पायल की आवाज़ ने मुझे जगा रखा है।
छत से आएगी जब तू, तो दिया लेते हुए आना।
पूरे घर में पानी भरा है, कहीं पिसहल मत जाना।
जब निकलो पिता के कमरे के नजदीक से तो अपनी पायल संभालना,
बहुत चन चन करती है।
जब उतरो सीढ़ियों से तो चूड़ियाँ खंकने न पाए,
बड़े भैया का कमरा नजदीक है, कहीं उन्हें पता न लग जाए।

जब निकलो दादी की खटिया के पास से तो अपनी खुशबू
को कहना महके नहीं,
उनकी नाक बहुत तेज है, कहीं उन्हें पता न चल जाए।
बस वही से सीधा चले आने मेरे कमरे के लिए,
मेरे दरवाजे को खटकताने की ज़रूरत भी नहीं, तुम्हारी
आहट मात्र से मेरा दिल तेज़ी से धड़कने लगता है।
आ जाओ, तैयार हूँ तुम्हें गले लगा कर लिपटने के लिए,
अपनी बाहों में तुम्हें भर के, यही
कविता दोहराने के लिए।
बारिश थम गई, बादल सारे चले गए।
मेरे गाँव में अंधेरा है, लगता है सब सोने चले गए।

Shayari

38. दो पंक्ति

A)

आज हमारा शायर होना बेकार हो गया।
हम तो ना रो पा रहे हैं और न ही लिख।

B)

इतने कितने करीब हो मेरे।
ऐसा लगता है जैसे नसीब हो मेरे।

C)

इश्क़ में लूटे सब हैं जनाब।
जिनके साथ धोखा नहीं हुआ, या तो वे सो रहे हैं,
या तो उनका महबूब समझदार है।

D)

मोमबत्ती की तरह है तुम्हारा इश्क़,
रात भर तो जलता है और उजाला होते ही कहीं भूल जाते हो तुम हमें।

E)

किसको-किसको सफाई दूं मैं यहाँ अपनी सच्चाई की,
लोग हर बार अलग मुखौटे से ठगते रहते हैं।

F)

कॉलर मिली है और हाथ काले हैं, ज़िंदगी के कई साल हमने यूँही नकलें हैं।
सीधे पेड़ तो कट गए इस दुनिया में, इसी लिए हमने तुम्हें झुक के पायल पहनाई है।

G)

अपनी किस्मत में मिलना न लिखा हो तो यूँ बैठी मत रह जाना।
हमारे प्यार को याद करना और जोगन बन जाना।

39. चार पंक्ति

A)

मेरी सुनी बस्ती का बड़ा सा आसमान,
या मेरे आसमान का एक लोटा चाँद तू।
आखिर इस एहसास को क्या नाम दूं,
जो खुद ही गुलदस्ता हो, उसे क्या गुलाब दूं।

B)

इस दर्द भरी दुनिया में,
यूँ तो कहीं शायर मिलेंगे।
उन बुझते हुए दिल के अरमानों को
कभी तो जलाने वाले मिलेंगे।

C)

के जिंदगी आग का गोला है या शराब की बोतल,
हमारी बाहों में आ कर सब समझ जाओगे।
ये तुमसे दिल्लगी है या बस २-४ दिन का इश्क़,
अरे हमें चूने का इशारा तो दो सब समझ जाओगे।

D)

बगल में बैठे तो हो पर कुछ कहो भी।
हाथ तुमने मेरा पकड़ा तो है पर इसे चूमो भी।
आँखों में देख तो रहे हैं पर इन आँखों को पढ़ो भी।
इंतज़ार अब नहीं होता... अब इज़हार करो भी।

E)

रात बेरहम, दिन बेबस।
बस खोए-खोए से खुद से ही लड़ रहा हूँ।

अपने सारे दोस्तों से बात करना बंद करके।।
मैं फिर से घरवालों को याद कर रहा हूँ।

F)

दलदल में, मैं कुछ यूँ डूबा कि कोई किनारा था।
साथ मेरा जब तुम छोड़ के गए तब कोई सहारा नहीं था।

इश्क़ में कुछ इस तरह से डूबे थे हम,
तुम जा चुकी थी और मैं सोच रहा था कि आज तुमने सताया क्यों नहीं था।

G)

ये जो दर्द भरा है, मरियम, हम अब ये किसे सुनाएं।
हमें तो अब तेरे होने से डर लगने लगा है।
जब देखता हूँ छोटे बच्चों को भारी धूप में नंगे पैर भिक मांगते...
लगता है जैसे सबसे फ़कीर हूँ मैं।

40. कमरा

तेरा कमरा तुझे, मेरी याद दिलाता होगा ना?
जब थक कर घर आती होगी, तो सर रखने के लिए, मेरा सीना याद होता होगा ना?
फोन से जब तू कुछ शेयर करती होगी, मेरा नाम का तो ऑप्शन दिखाता होगा ना?
जब तू रास्ते पर सड़क क्रॉस करती होगी, मेरा हाथ तो याद आता होगा ना?
और ये जो कार्ट में पड़े आइटम्स, अब तू किसको दिखाती होगी?
तेरी विशलिस्ट में, मेरे लिए अब भी कुछ होता होगा ना?
क्या वो भी तुझे, दुपट्टी ठीक करो, खर्च ज्यादा न करो के लिए टोकता है?
तेरा फेमिनिस्ट वाला ईमान और बैंक बैलेंस अब तक तो भर चुका होगा ना।

Tu

41. मैं बीच सड़क पर हूँ

मैं बीच सड़क पर हूँ।
अपने इस राही के इंतजार में।
वो मेरे आगे और मैं उसके पीछे,
इंतजार मेरे हिस्से आया है,
शायद पीछे वही रह गया हो।
वो सीख सीख के आ रहा है,
मैं लिख-लिख के जा रहा हूँ।
किनारा दोनों ही ढूंढ़ रहे हैं।
क्या सड़क का किनारा होता भी है?
क्या रोज रात तू रोता भी है?
सड़क वही है,
लोग बदल रहे हैं।
मंजिल वही है, शादन बदल रहे हैं।
कभी किसी ने खाना दिया तो खा लिया,
कपड़े दिए तो पहन लिए।
कोई नंगे पैर निकला था, अभी कार से जा रहा है,
कोई कार से निकला था नंगे पैर चल रहा है।
अच्छा राही सब भोगे, सब सहें
जो छल करे वो मरा जाए।
ये राही अच्छा ही होगा शायद।
जो प्यार करे, सब पर करे।

42. एक कलम

एक कलम खरीदनी ही मुझे,
अब तक जो इश्क़ में वफ़ादारी के बारे में लिखा तुम्हारे बारे में,
अब उसे बेनकाब करके तुम्हारे धोकेबाज़ी के किस्से लिखने हैं।
बरसों बाद तुम्हारे गाँव आया हूँ।
तुम्हें आख़री बार देखने आया हूँ।
तुम्हारा कंगन, पायल, टूटा हुआ पर्स मिला कर पचासों चीजें हैं जो लौटानी हैं।
इनको दफ़नाने के लिए कुछ मिट्टी अपने साथ लाया हूँ।
सोच रहा हूँ इन सब को गिरवी रख, नई मोहब्बत खरीद लूं।
इसी लिए अपने साथ कागज़ और कलम लाया हूँ।
इश्क़ की पढ़ाई में हम कुछ यूँ बिखरे पड़े हैं।
कई पढ़ने आए पर हम बस फैल हुआ हैं।
एक तेरा ही सब्जेक्ट पसंद आया था हमें।
अब पता चल रहा है, तूने औरों को भी परचे बाँट रखे हैं।
इतनी भीड़ है मेरे आस पास फिर भी अकेला लगता है,
साथ तुम्हारा न हो तो सब अधूरा लगता है।
और ये मौसम की तरह जो तुम बदले हो, ये नया
कुछ है...या है फ़ितरत तुम्हारी।
हमें तो ये मंज़र कुछ पुराना-पुराना सा लगता है।

43. मरियम

ये जो बदन की गोलाई है, ये कब तक साथ रहेगी?
ये जो डिम्पल पड़ते हैं तुम्हें, ये कब तक साथ रहेंगे?
कब तक ये रंग गोरा रहेगा और कब तक ये नीली आँखें बिना चश्मा देख पाएगी?
ये जिस्म ही तो है, मरियम, सब ढल जाता है।
अपने समय जाने के बाद तो सब बदल जाता है।
चाँद भी तो 15 दिनों का मेहमान होता है,
तुम तो तुम हो, मरियम, कैसे सारी उम्र ऐसे ठहरोगी।
और ये मुस्कान है तुम्हारी, उस पर जाहिर है लोग मरते होंगे,
पर मरियम तो उम्र तक पत्नी भी अपने पति को कुबसूरत नहीं लगती है।
तुम और मैं रहगीर ही तो हैं जो चले जा रहे हैं।
फिर कैसे यही सब तुम पर कैसे मरे जा रहे हैं।
जो बदलों से गिरता है पानी वो सब के लिए बराबर होता है,
तुम अपना पतीला लिए पहले कहाँ चले जा रहे हो।
ये जो मदहोशी है, न जाने ये शराब है, इश्क़ है या है तुम्हारा जाने का ग़म
महसूस सब में एक जैसा हो रहा है।
ये जो तुम मूड कर पलट के देख रहे हो, मरियम, लग रहा है जैसे कोई यार नशे में अपना ग्लास मेरी और बढ़ा रहा है।

44. लहर

बारिश की बूंदें तेरी झूलफ़ों से गुज़रकर मेरे बदन पर आ रही हैं,
तेरी ख़ुशबू मुझे आज सुबह से न जाना कहाँ से आ रही है।
मुझसे मुंह मोड़ के दूर न बैठ, ए हमसफ़र।
मुझे अपनी कसाती धूप जाने की बू आ रही।
और रेत से घर बनाया है मैंने किनारे पर,
अरे संभल जा
अरे संभल जा
मुझे लहरों के आने की आवाज़ आ रही है।

45. डरता हूँ मैं

डरता हूँ मैं,
ये बदलते मौसम देख बारिश ना हो जाए,
वो अँधेरा देख मन ब्रमित ना हो जाए। डरता हूँ मैं।
अपनों को दूर जाते देख,
मेरी पत्नी का कोई, दूश्री पत्नी का हो जाए।
जो होती हैं मुश्किल से बातें आज कल,
वो कहीं बंद ना हो जाए।

46. तुम्हें बहुत कुछ है बताना

किनारे पर जो यूँ बैठी हो, झुल्फें फैलाए।
मुड़ कर देखो, हम तुम्हारे लिए एक चीज़ हे लाए।
हाथ थामो मेरा और सुनो मेरी दिल की धड़कन,
नज़दीक आओ मेरे और लगाओ मुझे भी रंग।
दो घुट मारो इस बूटी के...
और छोड़ो सारा ज़माना।
लौट आओ मेरे पास, तुम्हें बहुत कुछ है बताना।

47. खाली पेट

जेल से निकलने के बाद लोग सुधार ही जाते होंगे।
हवा के झोंके से मेरी याद में जलते दिए बुझ ही जाते होंगे।
सबको बराबर दिया है उस खुदा ने...
फिर भी न जाने कितने लोग भूखे सो जाते होंगे।
आग लगी मेरी बस्ती में और मेरे पास पानी नहीं था।
सफ़र को जाना था पर जेब में कोई साथी नहीं था।
तुम भी तो मुझसे यूँ ही दूर चले गए,
वरना तुम सा कोई साथी न था।
लौट कर आये हो इतने दिनों के बाद, तो अब तुम्हें जाने नहीं दूंगा,
इतनी आसानी से अब किसी और को तुम्हें पाने नहीं दूंगा।
मांग लो जो मर्जी अब तुम्हारी मुझसे इस बार,
मैं भीख मांग लूंगा, पर तुम्हें खाली पेट सोने नहीं दूंगा।

48. खो दिया।

खो दिया।
आज सब खो दिया।
उसके जवाब से हमने अब सब्र खो दिया।
आईने में देखा तो खुद को खो दिया।
खुद को समझ पाना खो दिया, खुद को सुनाई देना खो दिया।
तेरे साथ रह कर भी, तेरे इंतज़ार में जवानी का कुछ वक्त खो दिया।
तेरी बात सुनते-सुनते, हमने अपना ख़याल खो दिया।
तेरे इंतज़ार में, किसी और के करीब आना खो दिया।

49. याद आ रही है

पूर्णिमा से अमावस्या की फिर रात आ रही है।
मुझे उसकी बातों की याद आ रही है।

एक वो पल था जब वो कहती थी उसे मेरे नाम से मोहब्बत है। -२
आज कल मुझे उसके लिए आने वाले रिश्तों की भी ख़बर आ रही है।

और मैं चाँद हूँ - वो ये कहती रहती थी -२
अब वो हाथों में चाँदनी लिए किसी और की उम्र बढ़ाने के लिए मुझे देखने आ रही है।

50. क्या मिलेगा

नाकारा बैठा रहा तो देख तुझे फिर क्या मिलेगा।
वो चला गया, अब लौट के लगता नहीं वो वापस आएगा।

तू अपने बंद कमरे से बाहर नहीं आ पा रहा और वो अब
नए प्यार की सारी तस्वीरें डालकर ही मानेगा।

मंजूर तो था कि महबूब बिछड़ेगा।..
मंजूर तो था कि महबूब बिछड़ेगा।
अनजान था मैं कि बाहे बदलने में इतना कम समय लगेगा।

और हम आज भी उसी उम्मीद में बैठे हैं।
तू जब भी मिलेगा, बस गले लग जाएगा।

51. बदल गए

मैं पतझड़ के जाने का इंतज़ार कर रहा हूँ,
और तुम अभी भी वहीं पुराने सूखे पत्ते और फूल अपनी किताब से निकालने के लिए तैयार नहीं हो।

मैं हर रोज़, उसकी गलतियों से उसे याद करता हूँ।
मैं हर रोज़, हर्फ़ लिख कर उसे माफ़ करता हूँ।

कभी रोता हूँ, कभी गाता हूँ।
मैं हर रोज़ उस पर शायरी लिख कर हर रोज़ मिटाता हूँ।
ऐ सूरज...
तुम वहाँ भी निकलते होंगे ना,
क्या मुझे उसका हाल बता सकते हो?
कैसा महबूब है ना पास आने देता है ना दूर जाने।
पूरे दिन रहता साथ है फिर कहता है, खुद के लिए वक़्त चाहिए।

बहुत हुआ ये हां जी ना जी का ये लंबा सफ़र,
हमें तो बस पूरे जीवन का साथ चाहिए।
याद आती हो तुम अब भी, बस तरीके बदल गए।
मेरी तो खामोशी है और तुम्हारे जज़्बात बदल गए।

52. राज़

ये राज़ एक राज़ है कि तुम अभी भी मेरे साथ रहती हो।

शायर

मेरी कहानियों और कविताओं का मैंने एक दिन पिटारा क्या खोला,

लोग मुझे शायर शायर कहने लगे।

धन्यवाद

जैसे ही आप इस अंतिम पृष्ठ को पलटते हैं, आशा है कि आप अपने हृदय में रोमांच की भावना और अपनी यात्रा को खुले दिल से अपनाने का साहस लेकर चलेंगे।

Phone: +91 8441087771

Instagram: being.sourabh_

LinkedIn: https://www.linkedin.com/in/sourabh-patidar/

www.ingramcontent.com/pod-product-compliance
Lightning Source LLC
La Vergne TN
LVHW060143051026
849517LV00007B/2546
* 9 7 9 8 8 9 3 6 3 5 9 6 6 *